Tiré du Cabinet du Dr. J.F. Payen.

L. Hamon lith.

Imp. Lemercier.

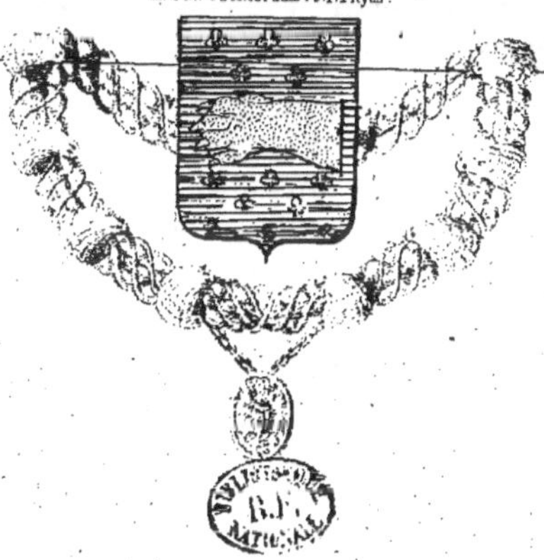

MONTAIGNE

PUBLICATIONS RELATIVES A MONTAIGNE, FAITES PAR LE DOCTEUR J.-F. PAYEN.

Depuis plusieurs années, quelques-uns de nos meilleurs auteurs classiques ont trouvé des commentateurs scrupuleux et intelligents qui, par une sévère révision des textes, de savantes recherches biographiques et de précieuses notes, ont su leur rendre, pour ainsi dire, tout l'attrait de la nouveauté. C'est ainsi que Pascal, grâce aux remarquables travaux philologiques de MM. Cousin, Prosper Feugère et Havet, nous est apparu comme transfiguré au milieu des splendeurs et des hardiesses de son vrai style, si indignement tronqué par la main timide de ses amis de Port-Royal.

Grâce à d'autres érudits, tels que MM. Adrien Destailleur, G. Duplessis, D.-L. Gilbert, Viollet Le Duc, J. Taschereau, nous possédons un La Bruyère, un La Rochefoucauld, un Vauvenargues, un Regnier, un Molière, un Corneille, tels à peu près que le goût littéraire le plus délicat pourrait les rêver. Le même travail philologique et biographique ne tardera pas à s'étendre sur tous les vieux maîtres de notre langue, et l'on doit savoir gré surtout à l'éditeur Janet des louables efforts qu'il tente pour opérer cette sage réforme. Les commentaires superficiels et la critique mesquine et incomplète du xviiie siècle, sans parler des fautes d'impression sans nombre qui s'étaient glissées dans les éditions prétendues les plus correctes, avaient rendu nécessaire, indispensable, cette révision générale.

Étrange retour des choses d'ici-bas! Notre siècle qui, aux jours de sa folle jeunesse, en proie à la fièvre chaude du romantisme, avait banni ou condamné impitoyablement à mort la plupart de nos meil-

leurs auteurs classiques ; ce même siècle, párvenu à l'âge mûr, leur dresse aujourd'hui des autels et leur prépare des apothéoses. Ces vieux amis que l'ostracisme semblait avoir frappés sans retour et qui n'avaient trouvé d'asile que dans les glaces du nord, ont repris leur place au coin de notre foyer, et nous les fêtons avec cette joie intime et profonde que nous causerait la vue de nos proches revenus d'un long exil.

Montaigne, plus heureux que la plupart d'entre eux, a toujours surmonté l'envie ; sa gloire n'a jamais eu d'éclipse. Sous la Renaissance, comme au siècle de Louis XIV, sous le couteau de Robespierre, comme aux jours des folies du romantisme, son livre immortel a toujours eu des lecteurs et des admirateurs. L'auteur des *Essais* a eu cette singulière bonne fortune d'avoir fait tour à tour les délices des esprits les plus opposés et les plus divers : sa renommée n'a cessé de grandir à la suite des âges.

Des hommes se sont passionnés pour son livre, comme La Boëtie s'était attaché par le cœur à sa personne ; et depuis mademoiselle de Gournay jusqu'au docteur Payen, une sorte de tradition filiale et pieuse a transmis à quelques adeptes le culte de sa mémoire et de son génie.

Pour quiconque n'a pas jugé Montaigne uniquement d'après certains passages de son livre, ce sentiment s'explique jusqu'à un certain point. Celui qui comprit l'amitié avec tant de ferveur et de dévouement, qui exprima avec de si généreux accents et d'une voix si émue ce que laissait de vide dans son cœur la mort de La Boëtie, cet homme assurément est digne de nos sympathies ; de même que l'esprit rare qui domina de si haut les agitations et le chaos de son siècle par les tranquilles lueurs de sa pensée et les incomparables beautés de son style est digne de toute notre admiration.

Et pourtant, avant les intéressantes recherches du docteur Payen, la plupart des lecteurs des *Essais* entouraient d'une certaine défiance la personne de Montaigne ; pour plusieurs d'entre eux encore, Montaigne n'est qu'un égoïste qui s'endort « *sur le mol oreiller de l'incuriosité* » et qui se renferme « *dans une vie glissante, sombre et muette.* »

C'est, en effet, la pensée qui doit dominer une lecture trop rapide des *Essais* : le chapitre que Montaigne consacre à la Boëtie est comme noyé dans l'ensemble de l'œuvre et ne semble pas un correctif suffisant à certaines boutades un peu trop personnelles. Montaigne, pour les lecteurs superficiels, passe pour un épicurien qui n'eût rien sacrifié à son bien-être et qui eût vu périr le monde entier avec la plus froide indifférence, pourvu que le cataclysme n'eût troublé en rien le calme de sa solitude. Et pourtant, rien de moins exact qu'une telle opinion. Lorsque Montaigne a dit de l'homme qu'il est *ondoyant et divers*, ne s'était-il pas étudié lui-même, et n'avait-il pas sondé le fond de son âme par de vives intuitions ? Ce sceptique, qui semble toujours se tenir en garde de peur de formuler une opinion ; ce songeur qui cherche l'isolement pour vivre seul avec sa pensée et qui se suffit à lui-même ; cet homme si indolent en apparence, à qui les controverses, les guerres civiles et religieuses font horreur, dont le goût pour la paix et l'oisiveté est si prononcé ; cet homme, lorsqu'il faut se montrer comme citoyen, est un tout autre homme.

Au milieu de la quiétude profonde qui règne dans les *Essais*, n'avez-vous pas découvert, çà et là, quelques trouées qui vous ont permis de sonder l'âme de ce sage dans ce qu'elle avait de noble, de généreux et de fier ? Gardez-vous de croire que son stoïcisme ne soit qu'une vaine parure de son orgueil : « Sachons gré au sort, dit-il, » après avoir traversé les épreuves les plus cruelles des guerres civi- » les ; *sachons gré au sort de nous avoir fait vivre en un siècle non » mol, languissant ni oisif.* »

A travers ces viriles paroles, ne sentez-vous pas la trempe de cette âme stoïque qui se réjouit en quelque sorte d'avoir été éprouvée par l'adversité, comme si une âme pouvait être complète sans avoir souffert ?

Si Montaigne se complaît à mal mener le genre humain et la société de son temps, gardez-vous aussi de trop le croire sur parole. Ne voyez plutôt dans ses réflexions sardoniques, mêlées d'un peu d'amertume, que l'essor d'un esprit libre et honnête, qui ne sut jamais se contraindre à voiler la vérité. Ce misanthrope, lui aussi, était remué jusqu'aux entrailles par les souffrances du peuple. Ame généreuse, libérale et antique, Montaigne eût pu servir de type à Alceste si Molière n'eût trouvé ce noble caractère dans son propre cœur.

Montaigne, qui exprime si souvent des doutes sur la gloire, sur l'héroïsme, sur le sacrifice, sur le dévouement, Montaigne, à l'occasion, était prêt à se dévouer avec courage à la cause royale qu'il avait embrassée et qu'il ne cessa de servir jusqu'à la fin avec un rare désintéressement.

Une fort belle lettre autographe de lui, découverte à Londres, dans le *British Musæum*, et que le docteur Payen a donnée dans l'une de ses publications, nous peint ainsi l'auteur des *Essais*.

En 1585, Montaigne est maire de Bordeaux ; la ville est menacée d'une sédition, et Montaigne passe la nuit à veiller, *quoique rien ne bouge*. Il écrit sur-le-champ au maréchal de Matignon, qui campait dans le voisinage, afin qu'il avisât promptement aux dangers de la situation. Voici un fragment de cette précieuse dépêche :

« Je vous dis ce que j'apprends... afin que vous sachiez tout, vous » suppliant très-humblement vous en revenir incontinent que les

» affaires le permettront, et vous assurer que nous n'épargnerons ce-
» pendant ni notre soin, *ni, s'il est besoin, notre vie, pour conserver tou-*
» *tes choses en l'obéissance du Roi.* »

Et Montaigne peut être cru sur parole, car jamais homme n'eut
plus que lui son franc parler. Si, comme Horace, il eût jeté son bou-
clier pendant la bataille, sa franchise, n'en doutez pas, lui eût fait un
devoir de nous signaler cette faiblesse de sa vie.

Ce n'est pas que notre songeur se plaise à croiser le fer, et qu'il
aime à courir, de gaîté de cœur, au devant du péril. Non, il nous
dit en toute sincérité dans les *Essais* quel était sur ce chapitre son
tempérament :

« Je suivrai, dit-il, le bon parti jusques au feu, mais exclusivement
si je puis : que Montaigne s'engouffre quand et la ruine publique, si
besoin est ; mais s'il n'est besoin, je saurai bon gré à la fortune qu'il
se sauve ; et autant que mon devoir me donne de corde, je l'emploie
à sa conservation. »

Puis il s'empresse d'ajouter :

« *Mais de se tenir chancelant et mestis aux troubles de son pays, je
ne le trouve ni beau ni honnête.* »

Montaigne, en effet, persévéra jusqu'au bout à remplir avec dignité
et fermeté ses fonctions de maire. Comme il n'avait usé d'aucune vio-
lence pour maintenir l'ordre, « il encourut, dit-il, les inconvénients
que la modération apporte en telles maladies ; *je fus pelaudé* (écorché)
à toutes mains. Aux Gibelins j'étais Guelfe ; aux Guelfes, Gibelin. »

« Chassé par la guerre, par la contagion, par tous les fléaux (1585),
il se demande, au train dont vont les choses, à qui il aura recours,
lui et les siens, à qui il ira demander asile et subsistance dans sa
vieillesse, et après avoir bien cherché et regardé tout alentour, il se
trouve, en définitive, tout nu et en pourpoint (1). »

Faut-il faire un crime à l'homme qui avait subi de telles vicissi-
tudes, d'avoir aspiré si ardemment au repos et à la vie solitaire du
sage ?

Au reste, la mort l'effrayait si peu, qu'à la différence de La Rochefoucauld et de bien d'autres, il n'avait cessé, depuis sa jeunesse, de la
« regarder fixement. »

Qu'on lise, pour s'en convaincre, l'admirable Chapitre XXᵉ du Livre
Iᵉʳ des *Essais*.

« Il est incertain, dit-il, où la mort nous attende, attendons-la par-
» tout. La préméditation de la mort est préméditation de la liberté.
» Qui a appris à mourir, il a désappris à servir. Le sçavoir mourir
» nous affranchit de toute subjection et contrainte. »

« Je veux, ajoute-t-il plus loin, avec une grâce incomparable, je veux

(1) M. Sainte-Beuve, *Causeries du lundi.*

» qu'on agisse sans cesse, que la mort me trouve plantant mes choux,
» mais nonchalant d'elle et encore plus de mon jardin imparfait. »

Lorsque Henri III tomba sous le poignard de frère Jacques-Clément, Montaigne s'empressa, en bon citoyen, en vrai royaliste, d'embrasser la cause du Béarnais.

Sur les marges d'un précieux exemplaire des *Ephémérides de Beuther*, qui lui a appartenu et qui a été communiqué au docteur Payen, se trouve, de la main même de Montaigne, cette curieuse note :

« 19 décembre 1584. Le Roi de Navarre me vint voir à Montaigne » où il n'avoit jamais été, et y fut deux jours servi de mes gens sans » aucun de ses officiers; il n'y souffrit ni essai ni couvert et dormit » dans mon lit. »

Montaigne ne se borna pas à soutenir la cause royale de sa personne et de sa fortune, il crut devoir faire entendre au héros, qui bientôt allait gouverner la France, des conseils où l'on reconnaît toute la sagesse et la pénétration de cet esprit supérieur.

Nous ne pouvons résister au plaisir de mettre sous les yeux du lecteur un fragment de la magnifique lettre qu'il écrivit à Henri IV en cette occasion. Cette lettre, récemment découverte, est datée du 18 janvier 1590; M. le docteur Payen lui a donné place dans ses curieuses *Recherches sur Montaigne.*

« .... Les inclinations des peuples se manient à ondées; si la pente est une fois prise à votre faveur, elle s'emportera de son propre branle jusques au bout. J'eusse bien désiré que le gain particulier des soldats de votre armée et le besoin de les contenter ne vous eût dérobé, nomément en cette ville principale, la belle recommandation d'avoir traité vos sujets mutins en pleine victoire, avec plus de soulagement que ne font leurs protecteurs, et qu'à la différence d'un crédit passager et usurpé, vous eussiez montré qu'ils étoient vôtres par une protection paternelle et vraiment royale. A conduire tels affaires que ceux que vous avez en main, il se faut servir des voies non communes. Si s'est-il toujours vu qu'on les conquête par leur grandeur et difficulté; ne se pouvant bonnement parfaire par armes et par force, *elles ont été parfaites par clémence et magnificence, excellents leures à attirer les hommes spécialement vers le juste et légitime parti.* S'il y échoit rigueur et châtiment il doit être remis après la possession de la maîtrise. Un grand conquéreur du temps passé se vante d'avoir donné autant d'occasion à ses ennemis subjugués de l'aimer qu'à ses amis. Et ici nous sentons déjà quelque effet de bon pronostic de l'impression que reçoivent vos villes dévoyées par la comparaison de leur rude traitement à celui des villes qui sont sous votre obéissance. *Désirant à Votre Majesté une félicité plus présente et moins hasardeuse et qu'elle soit plus tôt chérie que crainte de ses peuples, et tenant son bien nécessairement attaché au leur,* je me réjouis que ce même avancement qu'elle fait vers la victoire l'avance aussi vers des conditions de paix plus faciles (1). »

(1) Collection Dupuy.

Lorsque Henri IV fut monté sur le trône, il se souvint de l'hospitalité, des services et des conseils de Montaigne et il voulut l'attirer auprès de sa personne. Mais notre philosophe, qui n'avait jamais eu le moindre grain d'ambition, et dont la cour eût d'ailleurs troublé *la vie glissante, sombre et muette*, n'eut garde d'accepter les offres du Roi. Il préférait travailler tranquillement dans la *librairie* de sa tourelle à corriger les *Essais*.

Voici en quels termes de noble indépendance il répondit à Henri IV :

« Je ne plaindrai jamais ma bourse aux occasions auxquelles je ne
» voudrois épargner ma vie. Je n'ai jamais reçu bien quelconque de
» la libéralité des Rois et n'ai reçu nul paiement des pas que j'ai em-
» ployés à leur service ; ce que j'ai fait pour ses prédécesseurs, je le
» ferai encore beaucoup plus volontiers pour Votre Majesté. Je suis,
» Sire, aussi riche que je me souhaite. »

Tel fut Montaigne.

Jusqu'aux publications du docteur Payen, nous ne connaissions que son génie ; son caractère, de même que sa vie publique, étaient voilés d'une ombre épaisse. Ses lettres à Henri IV et au maréchal de Matignon sont des éclairs qui ont dissipé cette nuit. Aujourd'hui, le citoyen ne nous paraît pas moins grand que le philosophe, l'homme s'est montré au niveau de l'écrivain.

Le dévouement de Montaigne pour la monarchie héréditaire et traditionnelle qui seule, à ses yeux, comme pour les gens de bien, pouvait sauver la France de l'anarchie intellectuelle et sociale du xvi⁰ siècle, ce dévouement est d'autant plus digne d'éloge qu'il était plus désintéressé. L'âme du penseur ne s'était jamais passionnée pour quoi que ce fût ; elle observait, curieuse et calme, le chaos de son temps, inaccessible aux préjugés comme aux passions des partis ; au milieu de la sanglante arène, elle étudiait les contradictions et les folies de la nature humaine. Pour se dévouer, Montaigne avait plutôt consulté sa raison que ses penchants. Lorsque la France entière s'échauffait et dogmatisait, l'auteur des *Essais* s'en tenait à dire, au point de vue spéculatif : *Qui sait?* Philosophie peu consolante et peu concluante sans doute, que nous sommes bien loin de conseiller, parce qu'elle tendrait à l'inertie et au nihilisme, mais philosophie curieuse à étudier et qui devait infailliblement se produire à la fin de cette étrange et ardente époque où le bien et le mal furent si intimement confondus et atteignirent à de si vastes proportions.

Au reste, il ne faudrait pas se méprendre sur la nature du doute de Montaigne. Ce doute n'est point absolu. Bien loin d'être agressif, il ne franchit jamais les limites du domaine religieux qui pour lui est hors d'atteinte. Le doute de Montaigne ne s'applique qu'à ce qui émane de la raison de l'homme ; au lieu d'exalter et de proclamer la supériorité de la raison, à la manière des sceptiques du xviii siècle, il nous tient continuellement en garde contre les écarts de cette même raison; le doute qui règne dans les *Essais* n'est qu'une suspension de jugement; Montaigne ne nie ni n'affirme, parce qu'il est en continuelle défiance contre lui-même. Mais il est une vérité supérieure, celle de la religion dans laquelle il est né, devant laquelle il s'incline avec confiance et respect. Aussi, avec quelle ironie sévère ne blâme-t-il pas ces esprits inquiets et indociles de son siècle qui sapaient jusqu'en ses fondements le catholicisme en introduisant dans le monde la fatale doctrine du libre examen en matière dogmatique! Qu'on lise, pour s'éclairer sur ce point, le chapitre qu'il consacre, au livre II des *Essais*, à l'apologie de Raymond Sebon. M. de Laprade, dans une étude très-concise et qui serre de près Montaigne, a parfaitement éclairci la question si controversée du prétendu doute absolu de l'auteur des *Essais* (1). L'étude de M. de Laprade nous semble d'autant plus digne d'attention que, sans connaître les travaux du docteur Payen qui jettent un jour si éclatant sur le noble caractère de Montaigne, il avait entrevu l'homme de la même manière.

Montaigne, désintéressé de toutes les questions qui troublaient les esprits et qui mettaient les armes aux mains de ses contemporains, Montaigne, observateur attentif et profond, homme de style s'il en fut, naquit donc parfaitement à son heure. L'esprit dégagé de tout système et de toute méthode, il sut, par un heureux éclectisme, discerner et choisir toutes les beautés de notre vieille langue, au milieu des informes productions littéraires du xvi siècle. Il fut sans contredit le plus grand écrivain de la Renaissance; comme on l'a dit plusieurs fois, il avait en lui les qualités d'un vrai poëte. Les *Essais* renferment toutes les élégances, toutes les finesses, toutes les grâces, de même que la franche allure, la naïveté et les idiotismes les plus riches de notre vieux langage. Ils en sont pour ainsi dire la quintessence et le dernier écho.

Ce n'est pas, à coup sûr, une médiocre preuve de génie que d'avoir su découvrir, comme l'a fait Montaigne, au milieu du fumier d'Ennius, les diamants les plus purs et les plus brillants de notre littérature. Aussi, par l'influence de son esprit, comme par la forme accomplie de son style, Montaigne a-t-il préparé, mieux que tout autre écrivain, l'avénement du siècle de Louis XIV. N'oublions pas qu'il fut le prédécesseur de Descartes, que le *Discours sur la Méthode* se trouve en germe dans les *Essais*, et que ces mêmes *Essais* ont fourni à Pascal ses plus formidables arguments contre l'insuffisance de la raison de de l'homme.

Le style de Montaigne est si particulier, si original, si humoristi-

(1) Voir la *Revue de Lyon* du 1er décembre 1849.

que, qu'on ne saurait lui comparer aucun style antérieur, et qu'il n'a point fait école. Le modèle, malgré l'influence qu'il a exercée, a découragé l'imitation ; un poëte seul, La Fontaine, sut réaliser en poésie le même prodige que Montaigne avait accompli dans notre prose. L'un et l'autre ont été, chacun dans son genre, le jet le plus vigoureux et le plus beau de la séve purement française, et l'un et l'autre sont morts sans postérité.

Nous nous sommes laissé arrêter, beaucoup plus qu'il n'eût fallu peut-être, sur cette intéressante figure de Montaigne, mais nous sommes bien assuré que M. Payen nous pardonnera d'avoir cédé à la tentation. Le savant docteur qui, depuis vingt ans, a consacré ses heures de loisir à commenter les *Essais*, à les enrichir de notes, à en confronter les textes, à en étudier toutes les variantes ; ce fidèle admirateur de Montaigne, qui a dérobé si souvent aux heures de son sommeil le temps qu'il lui fallait pour découvrir quelque fait inexploré de la vie de son auteur favori, le docteur Payen ne nous en voudra pas trop, nous l'espérons, de nous être quelque peu attardé sur son modèle et d'avoir loué d'abord le maître avant le disciple.

S'il est une tâche noble entre toutes, c'est assurément celle de ces Bénédictins isolés de notre siècle qui consacrent une notable partie de leur existence à nous faire mieux connaître les œuvres et la vie de nos grands écrivains.

« M. le docteur Payen, a dit M. Sainte-Beuve, qui, au milieu des devoirs et de la pratique assidue de sa profession, a, depuis des années, concentré sa pensée la plus chère sur Montaigne, en l'étendant à tout ce qui intéresse cet objet principal de son admiration, est un de ces investigateurs ardents, sagaces, infatigables, qui ne connaissent ni l'ennui ni le dégoût de la plus ingrate recherche, quand il s'agit d'arriver à un détail vrai, à un éclaircissement nouveau, à un fait de plus. Il est, si j'en ose parler d'après ceux qui le connaissent, de ces natures élevées, originales, qui ont besoin d'admirer, d'aimer, et qui, même dans l'ordre intellectuel, n'ont de satisfaction réelle que de se dévouer exclusivement à ce qu'ils aiment, à la mémoire illustre en qui leur sentiment de vénération et d'idéal s'est une fois logé. Tout ce qui y tient leur devient relique. »

Que pourrions-nous ajouter à de telles paroles ?

De 1837 à 1857, M. le docteur Payen a publié une douzaine d'opuscules tirés à très-petit nombre, et qui, pour la plupart, offrent des détails inédits fort curieux sur Montaigne. Ces recherches et ces travaux sont d'autant plus méritoires que le savant docteur, nous le savons de bonne source, n'a jamais sacrifié une minute du temps, qu'il doit à sa profession, à son amour passionné pour l'auteur des *Essais*. Nous pourrions même assurer que telle de ses publications sur Montaigne ou sur la Boëtie a été prise sur son repos et lui a fait prendre et garder le lit pendant plusieurs semaines.

« L'étude de la médecine,—écrivait-il l'an dernier à un autre admi-
» rateur de Montaigne qui n'a pu résister à l'envie de nous communi-
» quer cette spirituelle missive,—l'étude de la médecine suffit à remplir
» la vie, même celle d'un homme studieux et non dissipé; or, les
» clients ne savent pas si je sacrifie repos, sommeil, dîners en ville,
» réceptions, théâtres, campagnes, jeux, à ces loisirs littéraires, et le
» patient peut se dire que j'aurais peut-être trouvé, dans Hippocrate,
» des moyens de le soulager que Montaigne ne m'a pas fournis. »

Pour nous, quel que soit le soulagement que procure à ses malades l'honorable docteur, nous regrettons vivement qu'Hippocrate l'emporte trop absolument sur Montaigne. Sans Hippocrate, que de précieuses découvertes M. Payen ne nous eût-il pas communiquées! Car c'est à peine si les douze publications qui ont déjà paru peuvent nous donner une idée de cette mine féconde dont l'heureux docteur connaît seul les plus riches filons.

Lettres inédites et portraits sans nombre de Montaigne, livres qui faisaient partie de sa *librairie*, éditions les plus rares et les plus recherchées des *Essais*, M. Payen, depuis plusieurs années, a su rassembler tout ce qui, de près ou de loin, se rattache à cet incomparable écrivain. Sa collection est, dit-on, une des plus curieuses et des plus précieuses en ce genre qui existent en Europe. Mais de tous ces trésors, le joyau que nous estimerions le plus, et qui malheureusement est condamné par le trop modeste savant à ne voir le jour qu'après lui, c'est sans contredit l'exemplaire de Montaigne qu'il a pris soin d'enrichir de notes et de variantes sans nombre. L'apparition de ce livre serait une telle bonne fortune pour le public, que l'arrêt de l'honorable érudit, osons l'espérer, ne sera point sans appel; il lui sera permis de jouir de toute sa gloire de son vivant.

Quoi qu'il en soit, les travaux de M. Payen, déjà publiés, n'ont cessé d'être accueillis avec faveur. A la patience et à la conscience des investigations, se joint une critique si judicieuse, si perspicace, si concluante, qu'un tel succès ne saurait qu'être durable. Désormais le nom du docteur Payen sera inséparable de ceux de Montaigne, de mademoiselle de Gournay, de Charron et de la Boëtie.

R. DE CHANTELAUZE.

Mmes RACHEL et RISTORI

I.

C'était en juin 1838, par une chaleur caniculaire, quand les théâtres étaient déserts, quand la critique, riche de loisirs forcés, cherchait dans l'étude ou dans les impressions de voyage, une compensation et à la fois un délassement aux émouvantes soirées de l'hiver ; quand le monde artistique, quand la société riche, élégante, amie du beau, avaient quitté la ville pour les frais ombrages de leurs villas et de leurs parcs seigneuriaux ; quand tout lui était défavorable, et le temps, et l'heure, et aussi les tendances et les préférences littéraires de l'époque,—que mademoiselle Rachel fit ses premiers débuts sur la scène de la rue Richelieu. Talma était mort depuis dix ans, emportant avec lui, dans la tombe, la tragédie française ; on le disait du moins. A la tragédie avait succédé le drame moderne, avec ses emportements extrêmes, ses allures désordonnées, ses proportions bossuées, ses aspirations fausses d'ordinaire, délirantes toujours, affichant pour toute poétique cette devise fameuse : «le beau c'est le fait, » remplaçant l'idéal par un réalisme grossier, et, sous prétexte d'exactitude, substituant à la peinture générale des passions humaines l'esquisse empâtée de couleurs truculentes de quelques exceptions monstrueuses. Sans méconnaître ce qu'il pouvait y avoir de talent réel, d'inspiration chaleureuse, de séve généreuse dans les tentatives déréglées, dans les ardentes impatiences de l'école nouvelle, les hommes de goût avaient hautement protesté contre le mépris qu'elle affectait à l'égard des immortels chefs-d'œuvre de Corneille et de Racine, l'orgueil et la gloire d'un siècle qui n'aura jamais de rival, l'expression la plus pure, la plus magnifique de l'art élevé à sa plus haute perfection. Vains efforts ! vaine protestation ! Favorisée par le trouble des esprits